HUIS SONSBEEK

Uitgeverij Waanders, Zwolle

drs. Paul M. Beek

HUIS SONSBEEK

Een monument in een monumentaal park

Reeds verschenen delen

Mauritshuis ISBN 90 1205 431 1
Schielandshuis ISBN 90 6630 099 x
Kastelen rond Zutphen I ISBN 906011 555 4
Drostenhuis ISBN 90 6630 100 7
Westfries Museum ISBN 90 1205 507 5
De acht kastelen van Vorden ISBN 90 6011 585 6
Raadhuis Kampen ISBN 90 6630 143 0
Amsterdams Historisch Museum ISBN 90 1205 603 9
Kastelen rond Zutphen II ISBN 90 6011 596 1
Teylers 'Boek- en Konstzael' ISBN 90 1205 883 x

In voorbereiding

Amsterdam Centraal Station
Kastelen rond Lochem
De Waag in Deventer
Sint Sebastiaansdoelen

1 (p. 2,3) Gezicht op het landgoed Sonsbeek op een ets van H.W. Couwenberg (1814-1845), naar een tekening van A.J. Couwenberg (1806-1844). Deze ets is gedateerd rond 1830.

ISBN 90 6630 184 8

INHOUD

INLEIDING

Sonsbeek is een lustoord en heeft die functie al bijna 250 jaar. Het ligt op een unieke plek en vormt de overgang tussen de stad en het omliggende land. De eerste bewoners waren boeren en molenaars die in het midden van de achttiende eeuw gezelschap kregen van deftige dames en heren. Deze gegoede burgers wilden zich in een comfortabele op maat gesneden omgeving terugtrekken uit de beslommeringen van hun dagelijkse leven in de stad, teneinde zich geheel toe te leggen op het vermaak: de tuinkunst, de jacht, de rijkunst en andere vormen van buitenlust die men in zo'n omgeving kon genieten. Er werden landhuizen gebouwd, op zonnige plaatsen, voorzien van vele vensters, waardoor steeds weer een ander prachtig uitzicht werd geboden. Om deze lusthuizen werden waterpartijen, exotische grotten en geheimzinnige eilanden aangelegd met de bedoeling iedere wandeling tot een avontuur te maken en een omgeving te creëren die een tocht naar Zwitserland of Italië overbodig zou maken. Sinds ruim 90 jaar is de heerlijkheid Sonsbeek niet langer voorbehouden aan weinigen, maar eigendom van alle Arnhemmers die zich - weer of geen weer - graag in het park vermeien. Sonsbeek vertegenwoordigt een unieke combinatie: een monument (het park) met een aantal monumenten daarin van zowel bouwkundige als landschappelijke aard. Zo zijn Huis Sonsbeek en de Theeschenkerij twee uiterlijk goed bewaard gebleven buitenhuizen, te vinden in een park dat voorzien is van allerlei landschappelijke effecten, die dateren van het eind van de achttiende eeuw en die tegenwoordig, ondanks de voortschrijdende verwaarlozing, op veel plaatsen nog terug te vinden zijn. Wie bouwde het Huis Sonsbeek en door wie werd het bewoond? Wie was er verantwoordelijk voor het graven van de vijvers en hoe zag het landschap er uit voor het een lustoord werd? Wanneer werd het Huis een hotel? Wanneer vonden er verbouwingen plaats? Dergelijke vragen zijn voor een deel reeds beantwoord in een aantal afzonderlijke artikelen, folders en rapporten. Daarnaast bleek er in archieven en bibliotheken een hoeveelheid materiaal te zijn aan de hand waarvan een recon-

2 Een jager op de grote vijver. Deze gewassen tekening uit 1814 is gemaakt door D.J.T. Kerkhoff. Jagen behoorde bij het leven op een buitengoed.

structie van de Sonsbeekse geschiedenis kon plaatsvinden. In dit boekje worden de wederwaardigheden van het park en zijn bewoners in grote lijnen samengevat, uitgebreid met - soms verrassende - nieuwe gegevens die tijdens het onderzoek aan het licht kwamen. Als conservator van Sonsbeek International Art Centre dat in Huis Sonsbeek is gevestigd heb ik met genoegen het verzoek van de directie deze publikatie te verzorgen, gehonoreerd.

1/ DE VOORGESCHIEDENIS

De precieze oorsprong van de naam Sonsbeek is onbekend. Waarschijnlijk is het een verbastering van St. Jansbeek, naar de Commanderie van St. Jan die landerijen bezat in het gebied waar de beek doorheen stroomde. Een andere mogelijkheid is dat de streek vernoemd is naar een moerassig gedeelte, de Somp genoemd, dat zich op het grondgebied bevond. Het huidige Park Sonsbeek bevindt zich tussen de Apeldoornseweg, de Zijpendaalse weg, de Parkweg en de Kluizeweg en omvat 66,71 hectare. Dit is slechts een fractie van de oorspronkelijke omvang van het landgoed Sonsbeek, dat zijn hoogtepunt in het midden van de negentiende eeuw kende. Het tegenwoordige gebied bestaat uit

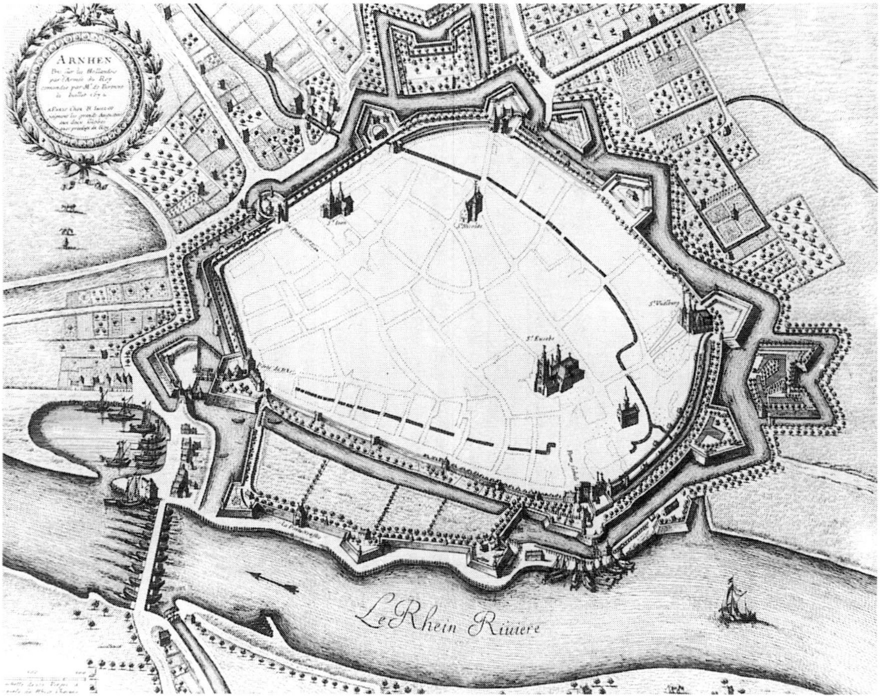

3 Kaart van Arnhem op een gravure van H. Jaillot, gemaakt in 1672. De Sint Jansbeek met de daaraan gevestigde molens, is linksboven zichtbaar. Het terrein aan de oevers is ingedeeld in percelen en tuinen met een geometrisch patroon.

5 Luchtfoto van park Sonsbeek gedurende de beeldententoonstelling van 1986. De oorspronkelijke veertiende-eeuwse waterloop en bebossing is goed zichtbaar.

de samenvoeging van delen van de vroegere landgoederen Sonsbeek, Wiltbaan en Hartjesberg. Tijdens het onderzoek naar de oorsprong van dit gebied als buitenverblijf, bleek het geslacht Van Sonsbeek al sinds 1430 in deze buurt bekend te zijn. De eerste bewoner van het gebied die hier zijn zomerverblijf had, was Karel van Egmont, hertog van Gelre, die rond 1530 onder andere het Gulden Spijker bezat, waarvan de fundamenten op het eilandje in de grote vijver zijn teruggevonden. Het was een buitenverblijf waar Karel vaak kwam, getuige de aanhef van zijn brieven uit die tijd. Om zich te vermaken had hij er een visvijver, een privékapelletje en een wildbaan laten aanleggen. Deze wild-

4 (p. 9) Huis Sonsbeek op een anoniem schilderij uit ongeveer 1840. De klok op de voorgevel is ingebouwd in het schilderij en heeft in de werkelijkheid nooit bestaan.

baan was een door wallen en water omringd jachtterrein en leende zijn naam aan dat gedeelte van het landgoed dat tot het eind van de achttiende eeuw de Wiltbaan heette.
Na de belegering van Arnhem door Philips van Oostenrijk in 1505 werd het bosrijke gebied Arnhemmerholt, waarvan het huidige Sonsbeek deel uitmaakte, geheel vernietigd, met als doel de Arnhemmers economisch te treffen: de houtwinning vormde namelijk een belangrijke bron van inkomsten. Hierna ontstonden op deze plaats voornamelijk heidevelden die slechts voor het weiden van schapen konden worden gebruikt.

De Beek

Een belangrijke rol in het ontstaan van Sonsbeek had het molenbedrijf dat aan de St. Jansbeek, ook wel Molenbeek geheten, plaatsvond. Door het snel stromende water van de beek werden sinds de dertiende eeuw korenmolens, een enkele papiermolen en zogenaamde eek- en runmolens (waarin eikenbast werd vermalen tot een grondstof voor de leerlooierij) aangedreven. De loop van de St. Jansbeek werd in verschillende periodes steeds aangepast om de toevoer van water voor deze molens te verzekeren. Ook de oorspronkelijke vijvers maakten hier deel van uit: dit waren wijers of stuwvijvers. De beek zelf wordt overigens gevoed door een spreng, een ingraving in de heuvel om een natuurlijk waterreservoir af te tappen, in het gebied van Zypendaal. De eerste ontginning van het gebied, dat sinds de zestiende eeuw voornamelijk voor de schapenteelt werd gebruikt, lag in handen van de molenaars die de grond rondom hun molens gingen bebouwen. In de zeventiende eeuw bevonden zich bleekvelden en zaailand aan de overkant van de beek, waar onder meer rogge en tabak werd verbouwd. Het geboomte dat werd aangeplant, werd gebruikt als akkermaalshout (voor houtwinning). Verder had iedere molenaarswoning een hof (tuin), moestuinen en boomgaarden.

Vanaf het midden van de zeventiende eeuw werden de heetvelden (heide) op grote schaal omgezet in zaailand, houtgewas en tuinen. Vooral de eerste twee categorieën leverden beduidend meer op dan de schapenteelt. Het land in de omgeving van de stad werd aangekocht door vermogende heren uit het westen van het land en regenten van Arnhem. Door hen werd het goedkope hei-

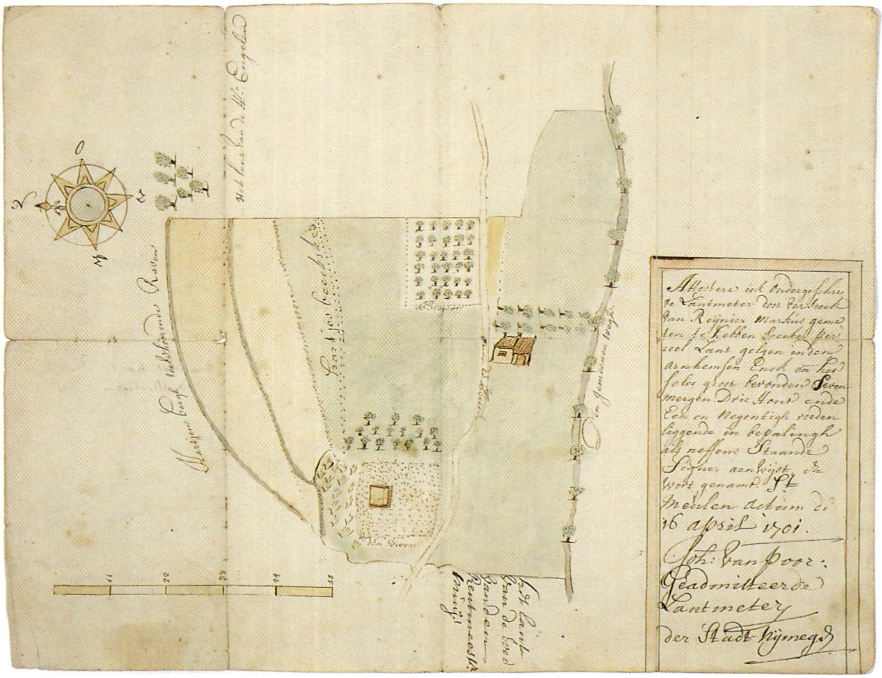

6 Getekend kaartje van een perceel op de Hartjesberg 1701, met daarop boomgaarden. De boomgaarden zijn hier schematisch afgebeeld.

deland op grote schaal in cultuur gebracht, hetgeen een zeer winstgevende belegging was. Op deze wijze ontstonden vanaf de tweede helft van de zeventiende eeuw in de omgeving van Arnhem de landgoederen Lichtenbeek, Sterrenberg, Klarenbeek, Warnsborn, Sonsbeek en Hartjesberg. Lustoorden ontstonden pas in de loop van de achttiende eeuw, toen het in de mode was om zich in door parkaanleg omgeven zomerverblijven terug te trekken. De Hartjesberg of Hartgersberg, waar nu het Huis Sonsbeek staat, is waarschijnlijk genoemd naar een zestiende-eeuwse bewoner die Hartger Hartgers heette, en was, zoals blijkt uit zeventiende-eeuwse kaarten, gedeeltelijk in gebruik als boomgaard en als zaailand.

2/ DE BEWONERS

Het Huis op de Hartjesberg

Blijkens een stuk in het Arnhems gemeentearchief kocht Vrouwe Adriana van Bayen van Hendrina Jansen op 4 oktober 1742, voor een bedrag van 6000 gulden het goed Hartjesberg omschreven als 'huis, hoff (tuin) schier (schuur) met 7 schepels gesaay (zaailand: rogge en tabak) en boomgaart'. Over het leven van Adriana van Bayen (1723 - 1755?) is weinig bekend. Wel wordt vermeld dat zij met een groot fortuin - ze was 19 jaar oud toen ze bovenstaande transactie deed en stond onder voogdijschap van de Arnhemse stadsweeskamer - uit Indië zou zijn teruggekeerd. Dat zij zich op de Hartjesberg vestigde, heeft wellicht te maken met het feit dat ene Hendrik van Bayen in deze periode het nabijgelegen goed Zypendaal bezat. In 1744 liet Adriana, nauwelijks meerderjarig, voor het kapitale bedrag van 12.000 gulden een huis bouwen op de Hartjesberg door Anthony Viervant, een telg uit een zeer vooraanstaande architectenfamilie. Zijn neef Leendert ontwierp onder meer de ovale zaal van het Teylers Museum, het Teylers Hofje en voor de Amsterdamse bankier Henry Hope Paviljoen Welgelegen, dat nu als Provinciehuis van Noord-Holland in gebruik is. Deze gebouwen worden als topstukken van de achttiende-eeuwse Nederlandse architectuur - waarover nog bedroevend weinig bekend is - genoemd en bevinden zich alle in Haarlem. Anthony Viervants relatie met het gebied van Hartjesberg, Sonsbeek en Zypendaal is overigens opvallend: hij ontwierp ook het nieuwe huis Zypendaal, dat burgemeester H.W. Brantsen van Arnhem liet bouwen nadat hij het goed in 1743 van Hendrik van Bayen had gekocht. Ook was hij als mede-eigenaar (hij was gehuwd met molenaarsdochter Hendrina Roelofs) van de St. Agnietenmolen aan de St. Jansbeek betrokken bij een boedelscheiding in 1754. Opmerkelijk is overigens dat zich in de archieven van de Weeskamer van Arnhem tekeningen van Viervant bevinden waaruit blijkt dat hij wellicht via de regenten van deze instelling, die de voogdij hadden over Adriana voor zij meerderjarig werd, de opdracht tot het bouwen van het buitenhuis heeft verworven. Het buitenhuis had overigens nog niet de omvang van het huidige Sonsbeekhuis: in een archiefstuk uit 1775 spreekt men nog over 'het huysje op den berg', toen in eigendom van Johan Jongbloet, advocaat aan het hof van Gelderland, die in 1749 met Adriana in het huwelijk was getreden.

Het Huis Sonsbeek, zoals dat ruim twintig jaar later onder zijn oude naam Hartgersberg in een advertentie in de Oprechte Haarlemse Courant ter verkoop werd aangeboden, vertoonde veel overeenkomsten met de huidige toestand:

Oprechte Haarlemse Courant - 24/6/1797
Uit de hand te koop: De alleraangenaamste Buiten-Plaats, HARTGERSBERG, gelegen in het Scheependom van en zeer naby de Stad Arnhem, op de hoogte stadswaarts aan het thans verkogt wordende Goed SONSBEEK, bestaande in een nieuw getimmert en zeer logeabel Huis, voorzien van tien, in den nieuwsten smaak behangen, zo boven- als beneden -kamers, waaronder een extra groote zaal, alle hebbende de overheerlykste uitzichten op de Stad, de geheele Betuwe, Elten, Cleef en Cleefschland etc.; voorts meiden-, knegts- en provisie-kamers, zolder, keuken, met put- en regenwaters -pompen, en kelder, en twee mede geheel nieuw getimmerde vleugels ter zyde van het Huis, de eene zynde een orangerie en kamers tot logement, en de andere een schoon en ruim koetshuis en stalling voor agt paarden, dan noch een mede nieuw getimmert tuinmans-huis met koe- en paardenstal; en wyders een extra fraaije zeer geextendeerde Boscadien van zwaare opgaande boomen en akkersmaalshout, formeerende de schoonste alleën en wandelpaaden, welke even als 't Huis de verrukkelykste gezichten opleveren, moes- en broei-tuinen, en parthyen in den Engelschen smaak aangelegd, met allerhande soorten van inlandsche en vreemde bloemboomen en andere heesters en gewassen, en een zeer groote menigte beste fyne en andere vrugtboomen bepoot, groote menagerie voor water- en pluimgevogelte, voorts visryke vyvers van levendig water, op de plaats zelve ontspringende, zwaare waterval en zeer hoogspringende fontein, en in 't generaal voorzien van alles wat tot een zeer aangenaame en in eenen nieuwen en keurigen smaak aangelegde en zorgvuldig en zindelyk onderhouden buitenplaats gehoord; zynde de plaats in 't geheel groot ruim 20 morgen. Te bevragen by den Procureur Isaac Nyhoff, te Arnhem woonende.

Sinds 1790 was het Huis Hartjesberg in handen van Jan Frederik Diemer die het van Gerard Belaerts van Wieldrecht, de schoonzoon van Adriana van Bayen, had gekocht. Zeer waarschijnlijk is het Diemer geweest die de in 1797 vermelde zijvleugels heeft laten aanbouwen. Een zogenoemde koepelkamer aan de achterzijde van het gebouw bestond al in 1790 toen Jacob Gesseler de Raadt tijdens zijn 'Gelders Reisje' een bezoek bracht aan Belaerts. Hoewel deze op dat moment in Den Haag verbleef, werd aan de bezoekers de toegang niet geweigerd, en verbleven zij een middag in 'de ruime Coupelkamer en hadden vooruit het schoone gezicht over het land, de stad en de rivier en achteruit door de open porte-briséedeuren en de gang van het huis, op een donkere laan die allengs zeer opklom en eindigde op een hoge berg, daar bovenop een bank, en op dezelve een vaas geschilderd stond'.
Uit bovenstaande advertentie blijkt onder meer hoe de indeling van het toenmalige buitenhuis was. Zo bevatten de nieuw getimmerde zijvleugels in deze periode een oranjerie (waarin alle niet-wintervaste flora werd bewaard, als perzik- en citrusbomen) en een koetshuis met stalling, terwijl op de bovenverdieping een gastenverblijf was ingericht. Er waren tien kamers, alle in de laatste smaak behangen. Behangsel 'in de laatste smaak' kreeg in de meeste advertenties waarin een buiten werd aangeboden de aandacht. Men moet zich hierbij zowel eenvoudige decoratieve wandbespanning voorstellen als figuratieve schilderingen. Zo zouden de drie aquarellen van D.J.T. Kerkhoff uit 1814, waarop men jachtscènes op het - in 1808 door baron De Smeth (1779-1859) met Hartjesberg samengevoegde - landgoed Sonsbeek ziet afgebeeld, voorstudies kunnen zijn voor behangsel. In de meeste gevallen werd de inboedel niet met het huis meeverkocht, zoals ook nu nog het geval is. De verkoop beperkte zich tot het onroerend goed; alle roerende zaken die zich in het huis bevonden zoals Turkse tapijten, spiegels, luchters, gordijnen, meubels en serviezen werden - jammer voor de tegenwoordige belangstellenden - buiten de advertenties gehouden. Zo verkocht Daniel Ruysch, eigenaar sinds 1797, het goed in 1808 aan baron Theodore de Smeth onder de volgende voorwaarden: alle zonneschermen werden meeverkocht, maar niet de kookoven in de keuken, de spiegel die in de nieuw aangetimmerde zaal voor de schoorsteen hing en de kachel in de koepelkamer. Uit het laatste zou men kunnen opmaken dat Ruysch ook in de winter op de Hartjesberg woonde.

Een verbouwing

Met de in de Oprechte Haarlemse Courant beschreven extra grote zaal werd ongetwijfeld de ruimte bedoeld die te zien is op de tekening van Roelof Roelofs Viervant (1759-1819), een neef van Anthony Viervant die als architect van Adriana van Bayens huis op de Hartjesberg bekend staat.
De geheel in Louis XVI-stijl gebouwde kamer, die hier ook daadwerkelijk over een koepel beschikte, ontstond tijdens een verbouwing aan de achterzijde van het Huis Sonsbeek. Waarschijnlijk dateert de tekening van rond 1800 zoals al door Tiemens (1971) verondersteld werd. Op de plaats van de reeds bestaande koepelkamer die aanwezig was in 1790 tijdens het bovenbeschreven bezoek van Gesseler de Raadt, werd ofwel door Ruysch ofwel door diens voorganger Diemer het ontwerp van Roelof Roelofs ten uitvoering gebracht. Aangezien in de advertentie van Diemer zowel sprake is van twee nieuwe zijvleugels als van een extra grote zaal lijkt het aannemelijk de tekening van Viervant

7 De nieuwe zaal, getekend door Roelof Roelofs Viervant (1758-1819) aan het eind van de achttiende eeuw. Deze zaal is nog altijd aanwezig, hoewel het interieur volledig is gewijzigd.

8 Tekening van de oranjerie en de zijgevel van Sonsbeek door A. Wijnantz (1795-?) van rond 1840. Op de achterzijde staat een opmerking van de uitgever die er een lithografie van zou maken: 'Veuillez mettre un couple d'oranges sur le devant aussi et quelques figures très élégantes': 'Wilt U ook een paar sinaasappelboompjes en elegante figuren op de voorgrond plaatsen'. De functie van de oranjerie is hier benadrukt.

vóór de verkoop in 1797 te dateren en ook het ontwerp voor de vleugels aan hem toe te schrijven. Hiermee is de nu nog aanwezige hoofdvorm van het gebouw te plaatsen rond 1795 en het ontwerp ervan voor het grootste deel afkomstig van Roelof Roelofs Viervant. Viervant die boekhouder was van het Arnhemse stadstimmergilde tussen 1788 en 1791, had overigens meer verbouwingen op zijn naam staan: zo werd door hem in 1791 de achtergevel van kasteel Ter Horst in Loenen verbouwd en werd rond 1800 zijn naam bij diverse verbouwingen in de stad Arnhem genoemd. De achthoekige kamer op Roelofs tekening stond in direct contact met de buitenlucht door openslaande deuren op de erkeruitbouw naar de tuinzijde, waaraan zich een soort markies of afdak heeft bevonden dat op vrijwel alle afbeeldingen uit de negentiende eeuw zichtbaar is. De aanpassingen van Diemer hebben waarschijnlijk tot hoge kosten geleid omdat hij al in 1796, vlak na of tijdens de bouw, tot twee keer toe het goed beleend had voor in totaal 20.000 gulden. Hij verkocht Hartjesberg in 1797 onderhands aan Daniel Ruysch. Ook hier is er weer een band tussen het naburige goed Sonsbeek/Wiltbaan en Hartjesberg: de adverten-

9 Lithografie naar de op p. 17 afgebeelde tekening van Wijnantz. De Amsterdamse uitgever Frans Buffa maakte deze afbeelding rond 1840. De oranjeboompjes en elegante figuren zijn toegevoegd.

tie van Diemer verscheen in dezelfde week in dezelfde krant als die van Pronck, de toenmalige eigenaar van Sonsbeek die zijn goed ter openbare verkoop aanbood. Men krijgt de indruk dat Diemer snel van de steeds zwaarder drukkende last die de Hartjesberg voor hem opleverde, afwilde. Door de gelijktijdige plaatsing van de advertenties lijkt het of Diemer op een 'grote koper' wachtte die de twee landgoederen in één keer zou kopen. Dit gebeurde pas toen Ruysch het in 1808 doorverkocht aan de uit Den Haag afkomstige Theodore baron de Smeth die kamerheer des konings was. De Smeth verenigde de twee buitenverblijven - het andere had hij twee jaar eerder gekocht - onder de naam Sonsbeek. Aan het huis is gedurende de periode dat baron De Smeth er zijn zomerverblijf had, niets veranderd, in tegenstelling tot hetgeen in de literatuur wordt beweerd. Zo zou hij door ene architect Coers de zijvleugels hebben laten bouwen, maar dit wordt door de advertentie van 1797 tegengesproken. Op de lithografie naar Wynantz (circa 1850) is te zien dat de zijvleugels aan de korte zijde met slechts vier in plaats van de tegenwoordige zes vensters waren ingedeeld. Mogelijk dateert deze verandering uit de periode van de volgende eigenaar H.J.C.J. baron van Heeckeren (1785-1862) of zijn erfgenamen die het huis en park vanaf 1821 meer dan 70 jaar in bezit hadden, volgens het gerucht door de baron aangekocht tijdens een diner met het echtpaar De Smeth.

Van Heeckeren als bouwheer

Van Heeckeren heeft direct na de aankoop in 1821 veel bouwactiviteiten ontwikkeld. Zo liet hij een oranjerie met broeikas bouwen, een koetshuis op de plaats waar zich nu de nieuwe dependance van het Art Centre bevindt en een stalling voor zijn stoeterij. Aan de ingang van de Apeldoornseweg werden woningen voor de rentmeester A.P. van Ingen en de kok P.A. van Balkum geplaatst. Van de bijgebouwen zijn alleen deze twee symmetrisch geplaatste woningen bewaard gebleven. Het ontwerp wordt door Tiemens (1971) toegeschreven aan de architect Anthony Aytink van Falkenstein, stadsbouwmeester van Arnhem sinds 1827, die verantwoordelijk was voor onder meer de Koepelkerk (1837-38) te Arnhem. De oranjerie die afgebeeld is op een tekening van Wynantz, waarvan later een lithografie is gemaakt, vertoont veel overeenkomsten met deze portierswoningen, die een soortgelijke boognis als voordeur hebben. Het is dan ook waarschijnlijk dat Van Heeckeren zijn koetshuis, oranjerie en de paviljoens bij de ingang aan de Apeldoornse weg door één en dezelfde architect heeft laten ontwerpen. Deze architect - of dat nu Falkenstein is of een ander - heeft bij het ontwerp duidelijk rekening gehouden met de classicistische stijl van het door de familie Viervant ontworpen landhuis, hetgeen vooral zichtbaar is in de balustradebekroning van de hoekkamers. Door nieuwbouw van het koetshuis en de oranjerie kwamen de zijvleugels vrij en konden deze geheel als woonruimte in gebruik genomen worden. Hiermee verdubbelde Van Heeckeren in één keer het bewoonbare vloeroppervlak van het huis. In dezelfde periode werd ook een smeedijzeren hek geplaatst in de vorm van een halve cirkel onderbroken door vier voetstukken van blauwe steen, die ieder een prachtige vaas droegen. Dit hek stond op dezelfde plaats als het tegenwoordige hekwerk. Over de familie Van Heeckeren en hun huishouden op Sonsbeek is aanzienlijk meer informatie te vinden dan over de voorafgaande bezitters en bewoners. Hendrik Jacob Carel Johan baron Van Heeckeren van Enghuizen, Heer van Beverwaard en Odijk, ook wel van Beurse geheten, woonde in

10 De Koepelkerk te Arnhem op een lithografie. De kerk werd gebouwd door Anthony Aytink van Falkenstein (1797-1840), die de vermoedelijke architect is van de portierswoningen bij Sonsbeek.

11, 12 Portretten van H.J.C.J. van Heeckeren van Enghuizen en zijn vrouw Elisa Hope Williams, geschilderd door Narcisse Garnier in 1828. Door hen werd Sonsbeek in 1821 aangekocht. Van Heeckeren draagt op dit statieportret zijn Napoleontische onderscheidingen.

Den Haag en was lid van de ridderschap van Gelderland. Van Heeckeren had, zoals zoveel van zijn adellijke leeftijdgenoten, een militaire opleiding genoten. Vanaf zijn negende jaar genòot hij het krijgsonderricht op de militieschool van zijn woonplaats Zutphen, waarna hij tussen 1800 en 1805 te Berlijn aan de Militaire Academie studeerde. Als beroepsmilitair was hij onder meer cornet in het regiment Kurassiers von Quitzow, in welke hoedanigheid hij deelnam aan de slag bij Jena tegen Napoleon (1806). Later nam hij echter ontslag en trad in dienst bij de lijfwacht van Napoleons broer Lodewijk, koning van Holland. In 1812 maakte hij als huzaar onder Napoleon de beruchte veldtocht tegen Rusland mee en in 1813 was hij betrokken bij de slag bij Leipzig, waar een paard onder hem vandaan werd geschoten.

Toen in 1814 het Franse leger verslagen was, vervalste Van Heeckeren zijn papieren waarin nu alleen te lezen stond dat hij in Hollandse dienst was geweest. Vervolgens werd hij door koning Willem I benoemd in de rang van majoor en adjudant des konings. In 1816 huwde hij Elisa Hope William met wie hij in 1821 samen met twee zoons Sonsbeek als residentie koos. De uitbreidingen van het huis, met name het als woonruimte in gebruik nemen van de zijvleugels, had wellicht te maken met plannen van het echtpaar om een groot nageslacht voort te brengen. Helaas werden zij in

13 Anton Einsle (1801-1871) maakte in 1851 dit portret van Evert Louis van Heeckeren die tien jaar later krankzinnig werd verklaard en onder curatele gesteld.

14 (p. 22, 23) Portierswoningen met het Huis Sonsbeek op de achtergrond. Deze foto werd circa 1930 gemaakt. De balustrade-dakbekroning van de portierswoningen vormt duidelijk één geheel met die van Huis Sonsbeek.

dit voornemen keer op keer door ellende getroffen. De twee zoons met wie ze het landhuis in 1821 betrokken, stierven jong; Evert Frederik overleed in 1829, elf jaar oud en Reinhald Hendrik in 1838 op 18-jarige leeftijd. Hun in 1829 op Sonsbeek geboren dochter Juliana Louisa Wilhelmina werd slechts twee jaar ouder dan Reinhald Hendrik en overleed op het landgoed in 1849. Eén zoon overleefde zijn vader: Louis Evert (1830-1883), door Anton Einsle op prachtige wijze als een Oscar Wilde-achtige dandy geportretteerd. Waarschijnlijk is het deze Van Heeckeren over wie nog steeds in Arnhem het gerucht gaat dat hij schandelijke decadente feesten gaf op het landgoed en zich aan de kinde-

ren van zijn pachters vergreep. Het laatste was reden voor een veroordeling, zo wordt verteld. Vanaf 1860 werd Louis Evert in een krankzinnigeninrichting verpleegd, waar hij in 1883 overleed.

Een hofhouding op Sonsbeek

Ondanks de noodlottige ontwikkelingen in het gezin Van Heeckeren was het bepaald niet stil in het Huis Sonsbeek: de familie werd omringd door een hofhouding van zowel interne als externe bedienden. Op het Arnhems gemeentearchief is aanwezig het Livre des Domestiques. Dit personeelsregister vermeldt namen en betalingen en is geheel in het Frans gesteld zoals dat een deftig huishouden in die tijd betaamde. Hieruit citeer ik een aantal namen van de personen die in 1827 in dienst van de familie waren: Adrien van Balkum, valet de chambre (deze trouwe knecht diende de familie tot 1856, het jaar waarin het register wordt afgesloten); Frederik Banke, chasseur; Willem Koster en Michiel van Ommeren, domestiques; Gaspard Rohda, portier; Francois Cordon, cuisinier (deze, naar de smaak van de tijd, Franse kok werd later door een Duitser vervangen); Goberdingen, cocher (koetsier); Peter van Someren, sous-cocher (onderkoetsier); Gerret Klomp, palfrenier (rijknecht) en Doris Silfhout tweede palfrenier; Charlotte Hinderbergen was femme de chambre (de vrouwelijke evenknie van Van Balkum, zij diende mevrouw Van Heeckeren eveneens tot 1856); Minette van der Kolk was fille d'ouvrage (kleermaakster); Petronella Sanders, fille de cuisine (keukenmeid); Adriana de Visser was fille d'enfant (kindermeid, zij vertrok reeds na vier jaar); Mevrouw Daecken was gouvernante (in dienst tot 1846). Voorts worden er nog wat onregelmatige krachten genoemd: linnenmeiden (wellicht afkomstig uit de washuizen bij de beek), werkmeiden en hoveniers. Er waren ook boeren die naast het jaarlijks afdragen van hun pacht ook hand- en spandiensten aan hun meester dienden te leveren, zoals het gedurende tien dagen per jaar beschikbaar stellen van een rijtuig met voerman. Het Livre des Domestiques verschaft ons een indruk over de bezigheden en activiteiten op het comfortabele landgoed Sonsbeek: men genoot de Franse keuken en liet de kinderen opvoeden door privé-onderwijzers. Kleding werd vervaardigd, hetgeen een gang naar een kleermaker in de stad bespaarde. Men bedreef de jacht, zoals op een aantal afbeeldingen van het landgoed duidelijk te zien is, onder begeleiding van de jachtopziener die het terrein ongetwijfeld door en door kende. Men liet zich in rijtuigen vervoeren en besteeg zo nu en dan zelf een paard, over welke dieren Van Heeckeren ruime beschikking had in zijn stoeterij. Zo wordt verteld dat de familie tot het eind van de negentiende eeuw vossenjachten hield. Op het gebied van de kwekerijen waar nu de mini-golfbaan ligt, was een vossehok en Van Heeckeren had de beschikking over een meute jachthonden. De ronde weide werd onder meer gebruikt voor het africhten van de paarden. Voor de eenvoudige lieden die in dienst waren op het landgoed en van wie er zeker een tiental in en om het Huis gewoond moet hebben, was de tijd van de collectieve arbeidsovereenkomst beslist nog niet aangebroken. De boeren die naast de huur van grond en huizen ook nog diensten verschuldigd waren, symboliseren enigszins de in de eerste helft van de negentiende eeuw heersende feodale sfeer, evenals de wijze van betalingen in het Livre des Domestiques Men kreeg per half jaar loon uitgekeerd, gespecificeerd in huur, kleedgeld, verstelgeld, wasgeld en kermisgeld. Soms staat er genoteerd dat de kleding van die en die jager nog wel voldoet en de vervanging ervan kan wachten tot het volgende jaar. De huisknecht Van Balkum en femme de chambre Hinderbergen hadden het beter: ze kregen het hoogste loon en bovendien nog koffie-, thee- en tabaksgeld.

Washuizen aan de beek

In 1848 werd het gehele landgoed dat door H.J.C.J. van Heeckeren fors was uitgebreid, getaxeerd. Bij deze taxatie blijken zich dertig tot veertig gebouwen op het terrein te bevinden. Hieronder bevinden zich boerderijen, watermolens, washuizen en blekerijen. Deze washuizen waren voorlopers van de moderne wasserijen en waren gebouwd langs de beek, waar het benodigde stromend water in ruime mate aanwezig was. De aan de washuizen verbonden blekerijen zijn duidelijk afgebeeld op de litho van Desguerrois, waarop men wasvrouwen bezig ziet met het uitleggen van wasgoed op een bleekveld. Het gedeelte van de oever van de St. Jansbeek dat hier is weergegeven had waarschijnlijk reeds lang de functie van bleekveld, aangezien het in archiefstukken Bloemenbleyck of Bloemenbleek genoemd werd.

Tot laat in de negentiende en het begin van de twintigste eeuw waren er washuizen langs de beek aanwezig.

De boeren-goudmijn

15 Lithografie van Desguerrois: Vrouwen bij de Bloemenbleek voor Sonsbeek, bezig de was uit te leggen. Er bevonden zich, zo blijkt uit de inventaris van 1848, zeven washuizen langs de beek. Dit waren voorlopers van de moderne wasserij-en.

Bekend is dat er boerderijen waren op het terrein van Sonsbeek, waarvan er sommige nog steeds bestaan. Aan de omvang en produktie van deze agrarische bedrijven is echter in de meeste artikelen tot dusverre geen aandacht besteed, waardoor men de indruk krijgt als zou het gehele gebied één groot lustoord geweest zijn. Toch werd er ook behoorlijk gewerkt op Sonsbeek zoals blijkt wanneer men negentiende-eeuwse publikaties op landbouwgebied tegenkomt. Ondanks de enigszins feodale behandeling hadden de pachters van Van Heeckeren het bepaald niet slecht. Integendeel, Sonsbeek - dat vele malen groter was dan nu en dat ook in het Deelerwoud en in de uiterwaarden haar uitlopers had - bezat in het midden van de negentiende eeuw landerijen die tot de meest succesvolle in Nederland behoorden. Wanneer men de rapporten leest van rentmeester Van Ingen, in 1860, 1861 en 1862 gepubliceerd in *De Boeren-Goudmijn,* blijkt dat de bedrijven op Sonsbeek de meest uiteenlopende produkten leverden. Zo oogstte men zomertarwe, winterrogge, zomerrogge, zomerha-

16 Gezicht op Sonsbeek met Sonsbeekse schapen op de weide vóór het huis op een lithografie uit 1852. De schapen leverden niet alleen wol, maar hielden ook het gras op het gazon kort.

ver, boekweit, aardappelen, zomer- en herfstknollen voor de veehouderij, rode klaver en groene klaver. Ook bezat men rundvee, veertig koeien voor de kaasmakerij en nog eens twintig koeien voor onder meer de fokkerij van stierkalveren die, zo vertelt ons Van Ingen, veelgevraagd waren in de omgeving. De Edammer kruidenkaas van Sonsbeek was beroemd en sleepte op de tentoonstelling van de Hollandse Maatschappij van Landbouw de eerste prijs in de wacht, zijnde een zilveren medaille. De schapen van Sonsbeek kwamen voort uit een eeuwenoude traditie en waren in heel Europa bekend: ze haalden hoge prijzen op de internationale veemarkten. Een groot succes was het voor de Sonsbeekse schapenhouderij toen bleek dat 'het wereldberoemde tapijt voor den Keizer van Japan op de Koninklijke Tapijtfabriek te Deventer in 1861 vervaardigd, voor het grootste gedeelte gemaakt is van de wol van het Sonsbeekse schapenras'. Vervolgens noemt Van Ingen de warmoeziederij ofwel de wintergroentetuin die in de taxatie van 1848 nog met 'broeierijen' werd aangeduid. Hier werden zogenaamde produkten van de koude grond verbouwd. In de laatste plaats wordt de produktie op het gebied van akkermaalshout beschreven: dennen werden aan

Rijkskribhout verkocht (onderhoud van oevers), het kostbare eikekaphout ging naar inkopers en de berkehoutskoolbranderij, Heeckerens hoeve genoemd, op het Deelerwoud leverde 'puike' houtskool.

De laatste bewoners

De opvolger van H.J.C.J. van Heeckeren was diens neef Frederik Florent Jacques Henri baron van Heeckeren van Enghuizen, Heer van de Cloese (1799 - 1870). Ook deze Van Heeckeren was militair geweest en hoog in rang aan het hof: hij was gepensioneerd luitenant-generaal der artillerie (op het landgoed bevond zich overigens een zogenaamd artilleriepark) en buitengewoon adjudant en kamerheer des konings. Frederik was curator van de wettige erfgenaam Louis Evert die door zijn krankzinnigheid en wellicht ook vanwege zijn reputatie te Arnhem, het beheer over het zeer omvangrijke landgoed niet op een behoorlijke wijze ten uitvoer kon brengen. In 1884, na een tussenperiode van veertien jaar, werd Guillaume Maurice Alexander van Heeckeren eigenaar van het landgoed, tot het in 1898 werd verkocht aan de N.V. ter Exploitatie van Sonsbeek. Hoewel bekend is dat het landgoed de laatste jaren verlaten was, heeft Guillaume zich er waarschijnlijk wel 's zomers opgehouden, zoals blijkt uit een ruiterportret dat gesigneerd is: Sonsbeek, 1891.

De Lusthof van Mr. Pronck

Oprechte Haarlemse Courant

20/6/1797; 27/6

Ingevolge gedaane Advertentien zal men op donderdag, den 13 July, en 3 Augustus 1797, des nademiddags ten 4 uuren, ten Huize van de Castelein Dufantoy, in Den Vergulden Adelaar te Arnhem, publicq in massa en perceelen veilen, en naar meerder gelding verkoopen: De considerabele en overheerlyke Buiten- Plaats DE WILTBAAN, ook Sonsbeek genaamt, in het Scheependom van Arnhem, omtrent een quartier uurs van die Stad geleegen, in een zuivere en gezonde lugt, en hebbende de uitgestrekste gezichten naar buiten, en de schilderachtigste op het Goed zelve, met alle daartoe gehoorende landeryen en velden, tuin-, bouw- en wei-lan-

den, opgaande boomen en hakhout, aangelegd in een keurigen smaak, met zeer geextendeerde bosschen en laanen van allerhande buitengewoone zware cederen, Wymouth pins, balsem Gilead, tulpen-boomen, en met allerhande soorten van Amerikaansche en inlandsche boomen, gewasschen en plantioen daartoe; wyders voorzien van een zeer grooten overvloed van snel en altoos loopend allerzuiverst water, formeerende importante vyvers en beeken, en zeer zwaare watervallen en fontynen; voorts met een zeer logeabel Heerenhuis, met vyf beneden en vyf boven kamers, waarvan negen naar den nieuwsten smaak behangen zyn, keukens, zolder en kelders, koetshuis, stalling, tuinmans huis, en al wat eenigzins tot een groote en aanzienlyke Buiten-Plaats gehoord; mitsgaders een water- koorn- moolen, en het water, tot het aanleggen van meerdere moolens, tot papier en andere fabrieken geschikt, en by en aangeleegende boeren- plaatsen, zeer wel gesitueerd tot de jagt; alles gehoorende tot den Boedel van Mr. Gerhard Pronck De koopsconditien zullen by den Procureur Isaac Nyhoff, te Arnhem te zien zyn.

De Wiltbaan te zamen met Sonsbeek, was als buitengoed al sinds de zestiende eeuw bekend, getuige het feit dat hertog Karel op het Gulden Spijker resideerde. De eerste bewoner die in de achttiende eeuw op Sonsbeek een buitengoed bewoonde, was ds. Gabriel de Normandie. Zijn weduwe verkocht het goed aan de burgemeester van Arnhem mr. Gerhard Pronck. Het goed omvatte: 'hoven, plantagien, landerijen enz'. Sinds 1774 al bezat Pronck de Wiltbaan en in 1775 kocht hij de Ruyterenberg van Hermanus Beekhuysen. Tussen 1775 en 1778 vergrootte hij het landgoed door aankoop van de Schuttersberg, Gulden Bodem en Gulden Spijker. Het goed omvatte woningen, boerderijen, molens, zaailand, bebossing, tuinen, boomgaarden en heetvelden (heide). Van het 'zeer logeabel Heeren-Huis' in de advertentie werd ten onrecht gedacht dat hiermee het huis op de Hartjesberg beschreven was. De vrij nauwkeurige beschrijving die in de advertentie van Diemer voorkomt, maakt dit onaannemelijk. Zeer waarschijnlijk duidt de omschrijving in Proncks advertentie op het huis van wijlen Gabriel de Normandie. Op de Ruyterenberg bezat Pronck 'een lusthuysje, een hof en een pleisierkamer'. Deze pleisierkamer was ongetwijfeld een soort theekoepel vanwaar men een weids uitzicht gehad moet hebben aangezien de Ruyterenberg, waar nu de belvédère staat, de hoogste plek in de

17 (p. 30, 31) 'Gezicht in de Plaats van Sonsbeek, geteekend van opzijde het huis', zo luidt het onderschrift van deze aquarel uit 1825. Rechts bevindt zich de tegenwoordige theeschenkerij. Aan de overkant van het beekdal is een ongeïdentificeerd landhuis te zien.

18 De theeschenkerij, die jaren dienst deed als tuinmanswoning en vóór 1808 als buitenhuisje van Mr. S.C. Nederburgh in gebruik was.

19 Portret van Mr. Sebastiaan Cornelis Nederburgh, geschilderd door Charles Howard Hodges (1764-1837) in 1800.

omgeving is. Op de Wiltbaan telde Pronck een boerderij onder zijn bezittingen, genaamd de Bouwhof, die bestond uit: 'Huys met stalling, berg (hooiberg) en schaapschot (schaapskooi)'. Deze boerderij gaf hij in 1790 voor de tijd van zes jaar in pacht aan Carel te Winkel, waarbij Pronck zich een nieuw gebouwde schuur als stal voorbehield. De Bouwhof stond waarschijnlijk in de omgeving van de huidige Teerplaats, ook wel 'de Boerderij' genoemd. De in 1797 geadverteerde buitenplaats werd door mr. Sebastiaan Cornelis Nederburgh onderhands aangekocht. Nederburgh (1762 - 1811) kwam uit Indië waar hij een hoge positie in het gouvernement had bekleed. Mogelijk heeft dit geleid tot verwarring tussen deze eigenaar van Sonsbeek en de eerste eigenaresse van Hartjesberg van wie verondersteld werd dat zij uit Indië was gekomen. Deze indruk wordt overigens nog versterkt door het feit dat in de schaarse archiefstukken waarin Adriana van Bayen wordt genoemd, geen enkele verwijzing naar haar Indische verleden te vinden is. Sonsbeek bevatte, toen Nederburgh het in bezit kreeg, allerlei gezonde bedrijven zoals molens, houtwingebieden en boerderijen: voor hem was het naast een rustige, liefelijke plek om van zijn tropenjaren bij te komen, een veilige belegging zoals hierboven is gebleken. Nederburgh liet het landgoed zeer waarschijnlijk door een zaakwaarnemer kopen, aangezien hij pas in 1800 terugkeerde uit de Oost. Het moet gedurende deze periode van zijn afwezigheid, tussen 1797 en 1800, geweest zijn dat het lusthuis werd gebouwd waarin nu de theeschenkerij is gevestigd.

Het oude Huis Sonsbeek

De architect van het lusthuis van Nederburgh is onbekend. De grondvorm van het gebouwtje dat is uitgerust met twee vleugels en een koepelkamer, vertoont echter zo veel gelijkenis met de rond 1795 ontworpen zaal van het huis op de Hartjesberg, dat men geneigd is ook Nederburghs huis aan Roelof Roelofs Viervant toe te schrijven. Daarbij is het niet ondenkbaar dat Nederburgh met Diemer of Ruysch contact heeft gehad en zo tot de keuze van de bekwame architect is gekomen. Waar zich het voormalige huis Sonsbeek bevond, zoals in de advertentie van Pronck beschreven, en wanneer het is afgebroken, is niet duidelijk. In 1813 bestond het in ieder geval niet meer, zo blijkt uit het reisverslag van N. Esser Meerman. Hierin wordt een wandeling over het landgoed beschreven waarin de plaats is aangeduid 'waar het huis Sonsbeek eertijds lag'. Deze plaats heb ik getracht te localiseren: er is een vlak stuk grond halverwege de helling een paar honderd meter ter linkerzijde van de theeschenkerij. Naar mijn idee zou dit de enige plaats zijn waar een herenhuis gestaan zou kunnen hebben, mede door het uitzicht van daaruit op de moestuinen tussen de beek en de Hartjesberg, zoals in het reisverslag staat beschreven. De reden voor de sloop was misschien het feit dat het genoemde herenhuis, ondanks het moderne behang, verouderd was of zelfs bouwvallig. Een buitenhuis zonder koepelkamer - met uitzicht op water, weiden en bos, zoals het nieuw gebouwde vakantiehuisje van Nederburgh dat wèl had - is in de advertenties voor buitengoederen uit die tijd eerder uitzondering dan regel en werd waarschijnlijk als verouderd en nutteloos beschouwd. In 1806 kocht baron De Smeth Sonsbeek en bestemde de vakantiewoning van Nederburgh tot tuinmanshuis. In 1808 voegde hij het geheel samen met de Hartjesberg waarop het pas verbouwde huis als buitenverblijf ging dienen.

20 (p. 34, 35) Gezicht op de waterpartij met een melkende boerin. Litho van Emrik en Binger, uit circa 1845. De lieflijke weergave van het boerenbedrijf op deze prent onderstreept de landelijke sfeer op Sonsbeek.

3/ DE NATUUR HERSCHAPEN

De tuinaanleg zoals die in Sonsbeek nog steeds zichtbaar is, dateert uit de periode 1775-1850, een periode waarin de Engelse landschapstijl bijzonder in trek was. Deze romantische opvatting van tuinaanleg vormde een grote tegenstelling met de zogenaamde Franse stijl uit de zestiende en zeventiende eeuw, waarin strenge wiskundige patronen overheersten. De burger wilde zich terugtrekken uit het stadse leven in de rust van de ruige natuur, zoals die in de zeventiende eeuwse landschappen van Jacob van Ruisdael afgebeeld werd. Picturesque was dan ook het trefwoord: schilderachtig, als op een schilderij. De ongerepte natuur zoals de grondbezitters die graag wilden zien, was niet de werkelijke. Men wilde op een comfortabele wijze genieten van een steeds wisselend landschap, waarin het toeval een grote rol speelde. Een wandeling over het landgoed moest zijn als een tocht door de wildernis, waarop men nu eens oog in oog stond met een woeste waterval die zich schuimend van een rots afstortte, dan weer met een open plek waar zich een liefelijk weitje bevond waarin een boerin een koe aan het melken was. Dichte bossen werden op deze wandeling doorkruist door slingerpaden die van het ene uitzichtpunt naar het andere leidden, zodat men nooit recht voor zich uit kon zien wat zich na de volgende bocht aandiende. Ieder bosje, iedere vijver en struikgewas, tot de boerderijen en hooibergen toe, werd zo gerangschikt dat het deel uitmaakte van het geheel. Het water aanwezig op het landgoed speelde een hoofdrol als bewegend en spiegelend element: het bracht een vriendelijk ruisend geluid voort, vijvers weerspiegelden een afwisselend beplante oever, en als de zon erop stond kreeg men een zeer decoratief zilverachtig effect zoals dat in schilderijen ook voorkwam. Eilandjes in vijvers hadden de geheimzinnige uitstraling van het land aan de overkant van het water....
Vee werd behalve om de economische waarde gebruikt ter verlevendiging van het landschap, evenals zwanen in de vijver en herten in de hertenkamp. In sommige gevallen waren zelfs mensen onderdeel van het landschap, meestal boeren, wier erf zo

21 Ets uit Van Laar, 1802: Kluizenaar in zijn hok. Hermitages of kluizenaarswoningen kwamen veel voor in de Engelse romantische landschapstijl: deze kluizenaar sliep in een vrij macaber bed. Van Laar raadt aan een ledepop te gebruiken, die men naar het seizoen kon kleden en bij mooi weer buiten een plekje kon geven.

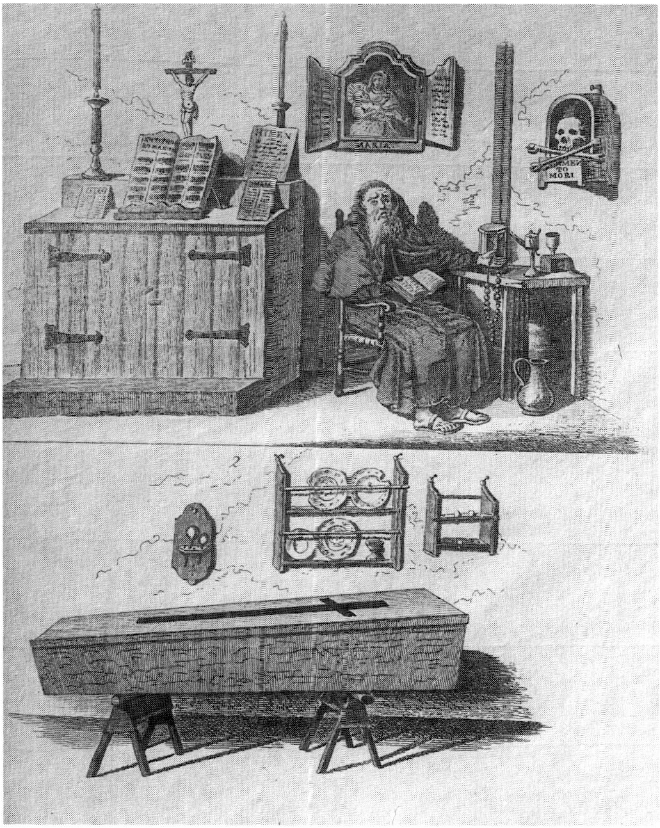

geplaatst werd dat het deel uitmaakte van een wandeling of een panorama. Deze levende schaalmodellen konden een indruk geven van de weidsheid van het landgoed, zoals dat ook het geval was in de zeventiende-eeuwse landschapschilderkunst. Een extreem voorbeeld van de inpassing van levende elementen biedt een anekdote over een Engelse landheer uit de achttiende eeuw die een boer had ingehuurd om in een eenvoudige kluizenaarswoning op zijn terrein te gaan wonen, op voorwaarde dat hij zich ook als een kluizenaar gedroeg: geen drank, geen overmatig voedselgebruik en absoluut afzien van enigerlei gezelschap van het andere geslacht. Na een week, zo vertelt het verhaal, was deze boer gevlucht en moest de eigenaar gaan uitzien naar een nieuwe acteur voor deze rol. Een belangrijke Nederlandse vertegen-

woordiger van deze landschapstijl was G. van Laar, wiens boek *Magazyn van tuin-sieraden, of verzameling van modellen van aanleg en sieraad, voor grote en kleine lusthoven, voornamelijk met dezulke die met weinig kosten te maken zijn* in 1802 voor het eerst verscheen en steeds opnieuw werd uitgegeven gedurende de negentiende eeuw. Van Laar geeft in zijn boek vele voorbeelden van de planning van landschapsparken, klein en groot en de daarin te plaatsen objecten als paviljoens, boerenwoningen, monumenten, bruggen en grotten.
Uit een plattegrond met de daarbij behorende tekst uit het boek van Van Laar blijkt duidelijk wat deze met afwisseling voor ogen had:

A is de plaats daar men in de partij komt. Men wandelt regtsom, tusschen groeperingen van rozen en andere bloemdragende heesters tot aan
B. Zijnde een open veld met klaver, met eenige schoone hoogestamde boomen, onregelmatig beplant, waaronder men des zomers een linnen tent kan plaatsen. Voortwandelende komt men bij een brugje gemerkt
C. Van waar men een schoon verraschend gezigt over het water
D. Op het overblijfsel van een Oud Gottisch gebouw; het schijnt op eenen brok van eene rots gebouwd, waaruit het water zijnen oorsprong heeft. Zoo de gelegenheid der plaats toelaat dat men door kunst of uit de natuur lijke ligging, door kunst geholpen dien brok rots tot een waterval schept, zal het nog veel schooner zijn; tot het nabootsen van eene rots, kan men gebruiken ineengesmolten gebakken steenen, die op de meeste steenbakkerijen nu en dan voorhanden zijn, of brokken van gesprongen klippen, welke zeeschepen dikwijls tot ballast innemen, en dan in de koopsteden voor eenen kleinen prijs verkoopen. De wandeling gaat van daar tot eene kleine verhevenheid
E. Waarop een eenvoudig tempeltje van boomstammen, met riet gedekt; van zelve leidt de wandeling tot:
F. Men kan na verkiezing het binnenvertrek van dit Gottisch gebouw inrigten. Indien de plaats niet geschikt is, om uit hetzelve buiten deze partij, goede gezigten te hebben, kan men, om kosten te vermijden, een plat houten schot op een stuk rots plaatsen, waarop een Gottisch gebouw geschildert is. Men wandelt de overzijde van het water, welks oevers, door groene bultjes gebogen zijn, langs; aan het hangen van den berg vindt men een prieeltje

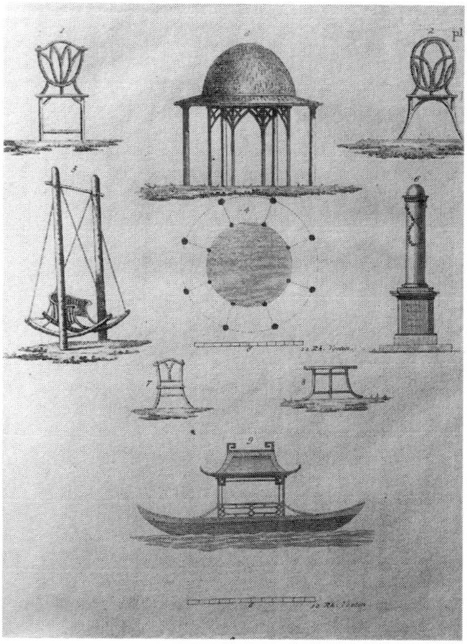

22 Tuinsieraden op een ets uit Van Laar 1802. In één van de reisjournalen wordt een schommel beschreven die zich boven op de huidige hertenkamp bevond. Het Chinese pontje vertoont overeenkomsten met het door Kerkhoff getekende exemplaar te Sonsbeek.

23 Een Russische schommel, rechtsboven, op een ets uit Van Laar 1802. Deze voorloper van het reuzenrad bood een alternatief voor het beklimmen van de belvédère.

G. Hetwelk van ongeschilde boomtakken gemaakt en met klimmende bloemstruiken begroeid is. Van daar leidt eene langzaam klimmende wandeling, door digte pijnboomen, eene met onregelmatige hellingen aangelegden heuvel op; in het voorbijgaan ziet men het monument geteekend

H. Voortwandelende bereikt men den tempel

I. Van boomstammen gebouwd, en aan den landbouw toegewijd; aangenaam wordt hier de wandelaar verrascht; het monument en de statige pijnen, maken deze partij eerst somber, in eens wordt dit afgewisseld, door een ruim lagchend gezigt op bouwlanden, met onderscheidene soorten van veldvruchten bezet, aan de regterzijde door een vruchtenboomgaard bepaald, geteekend K. waaraan de werf L. volgt. Indien de plaatselijke gelegenheid zodanig is, dat hier in waarheid eene boerderij is, is het fraaijer en voordeliger, dan dat dezelve nagebootst wordt; in het laatste geval, kan men echter de daaropstaande gebouwtjes tot onderscheidene einden gebruiken, tot woning voor werklieden, stalling voor paarden en andere beesten, menagerie van hoenders, kalkoenen enz. de wandeling gaat over de boerenwerf nabij het punt A daar dezelve begonnen was.

24 Wasvrouw bij de kleine waterval. Deze gewassen tekening uit 1814 is gemaakt door D.J.T. Kerkhoff (1766-1821). Ook hier is het landschap gestoffeerd met een boerenvrouw. De pilaren onder de waterval zijn nog steeds aanwezig.

De bewoners van een dergelijk landgoed moesten in staat zijn de dagelijkse beslommeringen van de stad te vergeten, niet alleen door zich lichamelijk te verwijderen naar een buitenplaats , maar ook door geestelijk afstand te nemen van de werkelijkheid en zich in een gedroomde sprookjeswereld terug te trekken vol van exotische zaken en vergezichten: dit werd door de parkaanleg mogelijk gemaakt. Het moest volgens Van Laar zo ingericht zijn dat er voor iedere stemming of geestesgesteldheid - zelfs wanneer deze wat morbide van aard was - een plekje aanwezig was, zoals blijkt uit het volgende: 'Ofschoon men hier te lande niet gewoon is om de overblijfselen van maagden of vrienden op den eigen grond te begraven', stelt Van Laar toch voor om op een afgezonderd plekje gedenktekens voor drie overleden kindertjes aan te leggen: 'men bezoekt het alleen indien de geest tot zulk een aandoening gestemd is'.

'Een aanleg in keurige smaak'

In verband met de tuinaanleg van Sonsbeek worden in de literatuur steeds opnieuw de namen van de tuinarchitecten J.D.

25 Een jager op het pontje in de grote vijver. Gewassen tekening uit 1814 door D.J.T. Kerkhoff.

Zocher jr. en Von Petzold genoemd, zonder dat men daarvoor documentatie aandraagt. Het vermoeden dat deze twee bekende tuinarchitecten zich met het goed hadden bemoeid, belemmerde een gedegen onderzoek naar de ideeën op het gebied van landschapsarchitectuur uit de tijd van het ontstaan van de parkaanleg bij Sonsbeek. Van Laars *Magazyn,* waarin deze ideeën te vinden zijn, was zeer populair en moet een sterke invloed hebben gehad op de aanleg van parken en buitenplaatsen in Nederland Anderzijds kan men dit boek zien als spiegel van zijn tijd: Van Laar riep eigenaars van lustverblijven op hem tekeningen en uitgebreide omschrijvingen van hun bezittingen te bezorgen, die hij dan in de volgende druk van zijn handboek zou verwerken. Zo zijn er op Sonsbeek nu nog details aan te wijzen die overeenkomen met voorbeelden in het boek van Van Laar. De meeste gelijkenissen treft men aan in oude reisverslagen en andersoortige documentatie van hetgeen nu niet meer te zien is. Een belangrijk gegeven met betrekking tot de aanleg van Sonsbeek is de voor landschapsparken zeer geschikte heuvelachtige gesteldheid in het schependom van Arnhem, waardoor zowel het afwisselende Engelse park als de aanleg van waterwerken mogelijk gemaakt werd. Deze ideale natuurlijke omstandigheden worden door Van Laar en al veel eerder door Busching (in 1773) aangewezen als bij uitstek geschikt voor aanleg van 'Watervallen, Fonteinen, Vijvers enz., waarvan de meeste lusthuizen die men daar in menigte ziet, rijkelijk voorzien zijn. Van daar heeft men de fraayste gesigte over de geheele stad, over de Rivieren den Rijn en IJssel, over de betuwe, 't land van Deventer en onder deese is niet van de geringste het huis Hartjesberg op 't hangen van den Berg naast bij de stad gelegen'. Zo beschrijft Busching de streek in zijn *Nieuwe Geografie of Aardrijksbeschrijving.* De landschapsarchitectuur van het huidige park is niet toe te schrijven aan één bezitter in één periode: zij is in ruim twee eeuwen steeds veranderd en aangepast door de opeenvolgende eigenaren, waarbij allerlei zaken behouden zijn gebleven maar ook, naar de smaak van de tijd, verwijderd zijn. Adriana Van Bayen begon al in 1745 met de aanleg van beukenlanen waarvan nu nog delen op Sonsbeek aanwezig zijn. Om het uitzicht te verbeteren liet ze een 'ijke-alleetje' kappen. Van deze aanleg is verder weinig bekend. Wel wordt vermeld dat Adriana de hoveniers Coman en Berger in dienst heeft gehad die afkomstig waren van het naburige Roosendael, dat in deze tijd reeds beroemd was om zijn Engelse aanleg. Dominee De Normandie die tussen 1750 en 1775 Sonsbeek en de Wiltbaan bezat, moet ook de beschikking hebben gehad over een park: hij bezat hoveniersland en op het terrein woonde een tuinman die samen met zijn vrouw in dienst was bij de familie De Normandie. In burgemeester Proncks pachtovereenkomst met betrekking tot boerderij de Bouwhof op het gebied van de Wiltbaan, staat te lezen dat een gedeelte van het land tot hoveniersland bestemd is. Hieruit kan men opmaken in hoeverre een landgoed kunstmatig werd ingedeeld, zoals door Van Laar werd aanbevolen. De boer in deze overeenkomst kreeg ook voorgeschreven waar hij paarden en hoornvee mocht laten grazen en dat hij geen ganzen en eenden mocht houden: zo regelde Pronck zelfs de geluiden op het landgoed.

'Bloemboomen, altoos lopend water en tuinsieraden'

Toen de twee buitenplaatsen te koop werden aangeboden in 1797 (zie de hierboven geciteerde advertenties), kwam de inrichting al dicht in de buurt van de huidige: bij de bezittingen van Pronck wordt er gesproken van 'de schilderachtigste gezichten', een aanleg in 'keurigen smaak', zeer zeldzame bomen en allerhande waterpartijen. Proncks landgoed stond meer bekend om de botanische bijzonderheden dan om de aanleg. In de advertentie die de Hartjesberg betreft, vindt men een beschrijving die betrekking heeft op 'parthyen in den Engelschen smaak aangelegd'. Aan de boomgaarden die er in de tijd voor Adriana van Bayen al waren, herinnert de 'zeer groote menigte beste fyne vrugtboomen'. Ook hier is een waterval aanwezig met daarbij visrijke vijvers en een 'zeer hoogspringende' fontein. Met deze waterwerken werden waarschijnlijk de fontijnvijver en de plaats van de kleine waterval, die in ieder geval ruim voor 1814 reeds bestond, bedoeld. Van verschillende door van Laar aanbevolen 'sieraden' vinden we een aantal terug in de reisbeschrijving van Esser Meerman uit 1813. Deze beschrijft bijvoorbeeld een schommel die tussen de hoge bomen hangt in de laan die achter het huis op de Hartjesberg ligt 'waarmede men vreeselijk hoog zoude kunnen opgaan'. In Van Laars boek zijn diverse, op het moderne pretpark vooruitlopende speeltuinonderdelen afgedrukt, variërend van een wip tot en met een 'mini reuzenrad', 'Russische schommel' genoemd. Behalve op capricieuze Chinese paviljoentjes, wijst Van Laar vooral op de mogelijkheden om van ruw hout tuinhuisjes en meubilair te laten maken en die desnoods met stenen te beschilderen: zo heeft men

26 Een dergelijke belvédère wordt in één van de reisverslagen beschreven als voorganger van de huidige die door Van Heeckeren in de periode 1820-1830 werd aanbesteed. Ets Van Laar 1802.

27 Litho van Desguerrois uit circa 1845. De belvédère, die nu verhoogd is, had vroeger een classisistische bekroning die in contrast moet hebben gestaan met de - door Van Laar geprefereerde - gotische stijl van de vensters en ingangspartij. Waarschijnlijk is hij tegelijk met de oranjerie en de portierswoningen gebouwd rond 1824.

een primitief natuurlijk effect bereikt en tegelijkertijd de beurs gespaard. De Smeth, zo schrijft Esser Meerman, bezat op de Ruyterenberg een belvédère van 30 trappen 'een koepel van ruw hout samengesteld met een stroodak erop'. Ook beschrijft hij de grote vijver, waar hij en zijn gezelschap werden overgezet met een 'Chinees pontje lopende langs koperen schijven'. Een dergelijk pontje figureerde een jaar later op de jachtscènes te Sonsbeek van Kerkhoff en een voorbeeld staat wederom afgebeeld in Van Laar. In het *Magazyn* komen veel afbeeldingen van Chinese bruggen, tuinhuisjes, onderaardse gangen en zelfs vaartuigen voor, hetgeen verklaard wordt in de inleiding waar te lezen is dat de 'Engelsen deze smaak grotendeels van de Chinezen hebben afgezien'. Zeer luxueus is het voorstel van Van Laar om een badhuis te bouwen waar water doorheen stroomt: 'niets is aangenamer in de hete zomer dan een bad'. Meerman ziet ook op Sonsbeek een badhuisje dat hem bekoort:

Een dreef van ceders en hermloos en ander uitlandsch heestergewasch geleide ons naar een rustiek badhuisje rond opgebouwd, met een cierlijk stroodak met drie ramen met… glas voorzien en waarin eene diepte van 4 voet uitgegraven rondom op de wijze van een ton, beplakt met..., waarin men eenige trappen 4 voet diep afdaalt, en waar het water, dat in eene pijp in de voorschreven beek wordt aangevoerd, het bad uitmaakt, terwijl er zich van binnen een soort van sopha met mosch bedekt, gelijk de wanden zijn, in bevindt.

Naast de zaken die in de twee advertenties van 1797 worden genoemd, waren de ronde wei, de grote vijver, de kleine waterval en een voorloper van de belvédère in 1813 tijdens het bezoek van Esser Meerman al aanwezig. Dit betekent dat een aanzienlijk gedeelte van het huidige park rond of voor die tijd, ofwel door De Smeth ofwel diens voorgangers (de bomen zijn in 1814 al redelijk gegroeid, zo blijkt uit de tekeningen van Kerkhoff) moet zijn aangelegd. Ook de ijskelder (waarin men met in wintertijd gezaagde ijsblokken afkomstig uit de koude vijver 's zomers zijn dranken koelde) was reeds aanwezig. Deze bevond zich dichtbij de huidige theeschenkerij, in een bultje - 'de Engelse berg' genaamd - dat was opgeworpen met aarde die vrijkwam bij het uitgraven van vijvers op het terrein. Boven op de ijskelder bevond zich 'een moderne koepel doch welke eerlang door een rustieke hut zal worden vervangen', aldus Esser Meerman. De fundamenten van dit koepeltje zijn nu nog aanwezig. Hier bevond zich in de laatste helft van de negentiende eeuw een stoompompinstallatie die het Huis Sonsbeek van water moest voorzien. Naast 'keurige touristen' als Esser Meerman en Gesseler de Raadt, trok het landgoed Sonsbeek ook onverlaten, die zich van de 'Jantje zag eens pruimen hangen'-moraal blijkbaar weinig aantrokken. Zo vroeg Nederburgh in 1801 toestemming bij het schependom van Arnhem om voetangels en klemmen te mogen plaatsen, met de daarbij behorende waarschuwingsbordjes: 'niet tegenstaande dezelve behoorlijk omrasterd en gesloten is, door slegt en baldadig volk niet alleen vruchten gestolen, maar ook boomen en ander hout beschadigt en geruïneert worden'...

28 Plattegrond en vooraanzicht van een badhuisje in classicistische stijl, op een ets uit Van Laar 1802. Vanuit de beek werd stromend water onttrokken. Esser Meerman beschrijft in zijn reisjournaal uit 1813 een rustiek badhuisje op Sonsbeek.

Hoewel in de koopacte van 1821 de veranderingen op het door De Smeth verenigde landgoed 'zeer aanmerkelijk' worden genoemd, heeft Van Heeckeren tussen 1821 en 1848 de zaak groots aangepakt. Hij liet een herenhuis op de Waterberg afbreken en met de stenen daarvan de huidige - later, omdat de bomen in de omgeving het uitzicht benamen, verhoogde - belvédère bouwen, die mogelijk ontworpen is door Anthony Aytink van Falkenstein, de architect die in dezelfde periode het koetshuis, de oranjerie en de portierswoningen bouwde. Ook liet Van Heeckeren de Apel-

29 De grote waterval op een litho van A.J. Couwenberg uit circa 1840. De door grotten omgeven waterval kostte 70.000 gulden en was drieeneenhalve meter hoog. Men deed er twee weken over om de stenen met paarden van het Kootwijkerzand naar Arnhem te slepen.

doornseweg aanleggen, als verbindingsweg tussen zijn landgoed en de stad Arnhem. In 1824 gaf hij de aannemer Willem Buiten de opdracht de beek te vergraven en vijvers, waaronder waarschijnlijk de karpervijver voor het huis en de nu verkleinde forellenvijver bij de Theeschenkerij, aan te leggen. Deze vergraving van de St. Jansbeek moest vooral een natuurlijk karakter hebben met regelmatige bochten 'zoodat dezelve op eene voeglijke wijze tot de molens doorloopt'. Over het gehele werk moest een laag van 18 duimen goede grond worden gelegd en de aanleg werd letterlijk bepaald door over het terrein geplaatste palen die hoogten en richting aangaven. Of Van Heeckeren voor dit grote karwei de reeds vermelde Jan David Zocher Jr. in dienst heeft gehad, staat in deze opdracht helaas niet vermeld. Wel wordt er een opzichter genoemd die de aannemer zou aanwijzen waar en hoe hij te werk moest gaan.

Het kostbaarste karwei op Sonsbeek vond plaats in 1826 en werd meteen één van de grootste attracties: de grote waterval. Deze met grotten omgeven waterpartij, de aanpassing van de loop van de beek en de afbraak van de molen die op dezelfde plaats heeft gestaan, kostte niet minder dan 70.000 gulden een bedrag waarvoor men zich in die tijd een geheel landgoed kon aanschaffen. Met paarden en mankracht duurde het alleen al twee weken voor men de stenen die afkomstig waren van het Kootwijkerzand bij Ede ter plekke had aangevoerd. Deze waterval werd gedurende de gehele negentiende eeuw in reisgidsen en door rondleiders als het wonder van Sonsbeek beschreven. Een enkele bezoeker uit die tijd schreef zelfs dat hij zich van tijd tot tijd 'in Duitschland of Zwitserland waande'...

Ook voor kunstenaars en prentenmakers was het een dankbaar onderwerp. Op een aantal afbeeldingen en foto's ziet men dan ook tekenaars en schilders aan de voet van de waterval aan het werk.

GIDS

4/ SONSBEEK OPENBAAR

30 Een bezoeker onder geleide van een gids. Gedurende de achttiende en negentiende eeuw boden de eigenaren het publiek de mogelijkheid om onder geleide van een gids het landgoed te bezoeken. Dit werd na de aankoop door de gemeente nog enige tijd voortgezet.

Toen Sonsbeek in 1898 werd aangekocht door de Naamloze Vennootschap ter Exploitatie van Sonsbeek, omvatte het gebied van de Amsterdamse weg tot en met de Waterberg meer dan 800 hectare. Deze transactie vond plaats ruim honderd jaar nadat het goed, toen nog verdeeld in Hartjesberg en Sonsbeek, door de eigenaren Pronck en Diemer in de Oprechte Haarlemsche Courant ter verkoop werd aangeboden. In de tussenperiode werd het verenigd tot een uniek geheel en was de mogelijkheid er al - zij het voor de wat meer bemiddelde toeristen - om het buiten onder geleide te bezoeken. Ook gaf Van Heeckeren, indien het ijs dik genoeg was, het volk toestemming om op de grote vijver te gaan schaatsen. Op het eilandje in de vijver werd in die gevallen een podium neergezet waarop de plaatselijke blaaskapel zorgde voor de muzikale omlijsting van het ijsfestijn. De belangrijkste drijfveer voor de exploitatiemaatschappij was niet het behoud van het park of het goed als geheel, maar speculatie. Arnhem had zich in het laatste kwart van de negentiende eeuw sterk uitgebreid, delen van Sonsbeek waren in 1853 al aangekocht voor de aanleg van de spoorlijn naar Duitsland en in 1884 verkocht Guillaume van Heeckeren St. Marten de Tonnenberg en het gebied waar later de Burgemeesterswijk kwam te liggen. Langzaam werd het landgoed door de steeds groeiende stad opgegeten en werden zonder enig bestemmingsplan woonwijken gebouwd. Nadat de exploitatiemaatschappij was begonnen met bouwen, besloot de gemeente Arnhem onmiddellijk in te grijpen door het terrein dat nog over was (500 hectare) aan te kopen met het doel een deel te bebouwen, waaronder Alteveer en Cranevelt, en het overige (66 hectare) als park te behouden. In 1899 werd dit voornemen uitgevoerd, hetgeen voornamelijk te danken was aan de visie van de toenmalige directeur van gemeentewerken ir. J.W.C. Tellegen en van de burgemeester jhr. D.J.A.A. Lawick van Pabst van Nijevelt. Beiden zagen duidelijk de recreatieve exploitatie-mogelijkheden van het park dat, in een tijd waarin men nog niet de mogelijkheden had om in de vakantieperiodes massaal over de grenzen te trek-

31 Een wandeltoegangskaart uit 1877. Voor een incidentele wandeling diende men zich te melden bij de kastelein. Blijkbaar kon men ook abonnementen aanschaffen.

1877.

VRIJE WANDELING in het Binnenpark van SONSBEEK,

VAN 15 APRIL TOT 15 SEPTEMBER

VOOR

Mr. A. W. M. C. Ver Huell

Ingang door het Hek aan den Zijpschen weg.

Het terrein bij den kastelein KLAASSEN binnen het hek behoort tot het Park.
Deze kaart is persoonlijk voor de hoofden van het huisgezin vergezeld van hunne kinderen of logés elders woonachtig.
Uitgeleende kaarten ook aan de dienstboden met kinderen worden terug gehouden en niet terug bezorgd.
Wordt verzocht geene honden mede te brengen.
Aan het bovenhek mogen geene rijtuigen stationneeren buiten den Apeldoornschen straatweg.

WERNER VAN PALLANDT.

A. C. MULDER (*Rentmeester.*)

32 Hotel Sonsbeek was zeer exclusief en bezat daardoor nog iets van de waardigheid van de vroegere buitenplaats.

33 De comfortabele veranda's, de zonneschermen en het balkon stammen uit de periode van het Hotel Sonsbeek en zijn waarschijnlijk tijdens een restauratie in 1927 toegevoegd.

ken naar landen als Frankrijk of Spanje, een belangrijke toeristische trekpleister zou gaan vormen. Wanneer men hotelgidsen bestudeert uit het begin van deze eeuw blijkt ook dat naast enkele traditionele hotels elders in Arnhem, er tal van particuliere pensions waren in de omgeving van het landgoed. Voor het gebruik van het landgoed waren overigens ideeën te over; in één van de nota's (1898) van de heer Tellegen komt de volgende merkwaardige suggestie voor: 'Wel acht ik het niet onnut er op te wijzen dat, na aankoop Sonsbeek ook voor andere doeleinden dan stadsverfraaiing dienstbaar kan worden gemaakt, n.l. voor de stichting van een gemeentekrankzinnigengesticht...'
Op het terrein van Sonsbeek werden onder meer Burgers Dierenpark en het Openluchtmuseum gevestigd. De voormalige tuinmanswoning waar men zich in de negentiende eeuw diende te vervoegen om het park in het gezelschap van een gids te bezoeken, werd theeschenkerij. De gemeente verpachtte het Huis Sonsbeek sinds 1900 als hotel-pension, de reden waarom het tegenwoordig nog door oudere Arnhemmers Hotel Sonsbeek genoemd wordt. Het schitterend gesitueerde hotel was voorzien van modern comfort: er waren 25 kamers met warm en koud stromend water en centrale verwarming en buiten bevonden zich een garage en een tennisbaan. Ook de hertenkamp werd in deze periode opnieuw

aangelegd. Het hotel gold dan ook als zeer exclusief. In de omgeving van het gebouw waren hekken geplaatst, die zo nu en dan voor een karos of automobiel geopend werden om de chique gezelschappen te ontvangen. Het gebouw was ontoegankelijk voor het publiek, hetgeen pas zal veranderen als het later in 1989 zijn museumfunctie krijgt.

Tentoonstellingen bij de beek

De eerste grote manifestaties op Sonsbeek vonden reeds plaats vóór de aankoop door de gemeente Arnhem. Op het landgoed werd in juli 1895 een landbouwtentoonstelling gehouden, waarbij het toen leegstaande Huis werd gebruikt als feestgebouw. Een dergelijke functie had het ook in 1897 tijdens de grote nijverheidstentoonstelling die gehouden werd ter gelegenheid van het twaalf-en-een-half-jarig bestaan van de Algemene Handelsvereniging. De firma Ferweda en Tieman richtte in de linkervleugel een wijnhuis in, terwijl de rechtervleugel als restaurant in gebruik genomen werd door de confiseur en kok Pel. Er waren uitvoeringen te beluisteren van het Berlijns Filharmonisch Orkest en het Concertgebouworkest onder leiding van Willem Mengelberg. De laatste bracht er Wagners Siegfried ten gehore. Voor de tentoon-

34 Het door de Arnhemse architect Van den Berg ontworpen hoofdgebouw van de tentoonstelling in 1897 was een Arnhemse equivalent van het Amsterdamse Paleis voor Volksvlijt en trof hetzelfde lot: brand.

35 Reclameplaat uit ongeveer 1900 van Arnhem in vogelvlucht, de oorspronkelijke grootte van Sonsbeek is hier nog enigszins zichtbaar. Aan het eind van de negentiende eeuw werd het terrein gedeeltelijk door woningbouw ingesloten.

stelling werd op de plaats van de hertenkamp door de Arnhemse architect Van den Berg een groot tentoonstellingsgebouw ontworpen een Gelderse tegenhanger van het Amsterdamse Paleis voor Volksvlijt waarin allerhande industriële produkten te zien waren. In het bestaande koetshuis werd een modelkoetshuis ingericht en in de oranjerie bevonden zich een tentoonstellingsruimte voor kunstnijverheidsprodukten en een kunstzaaltje in Italiaanse stijl, dat de bijnaam Dante's Hel kreeg, naar de titel van één van de geëxposeerde schilderijen. Ook waren er marmeren en bronzen beelden te zien, vooruitlopend op de naoorlogse Sonsbeek-tentoonstellingen. De Gelderse Nijverheidstentoonstelling had - zoals alle grote negentiende-eeuwse tentoonstellingen, geïnspireerd door de Wereldtentoonstelling in het Londense Crystal Palace in 1851 - een uitgesproken commerciële functie: kunst en industriële produkten werden op een esthetische wijze aangeprezen bij een groot publiek dat zich kwam vergapen aan de wonderen van de vooruitgang. Hierbij bestond de mogelijkheid tot het

36 Affiche van de tentoonstelling van 1897, gemaakt door Jan Frederik Rinke (1863-1922). De plaatsing van het schematisch weergegeven Huis Sonsbeek linksboven op deze affiche is onjuist. Het hoofdgebouw bevond zich namelijk op de hertenkamp, hetgeen inhoudt dat het Huis zich achter de rug van de hier afgebeelde bezoekers bevond.

kopen van de aangeboden objecten. In feite staat dit evenement dan ook aan het begin van een traditie die tot op heden doorgaat. Ook het bouwen van tijdelijke paviljoens zoals het hoofdgebouw van deze tentoonstelling, dat was samengesteld uit geprefabriceerde elementen van ijzer en glas, keert terug in de twintigste-eeuwse beeldententoonstellingen met onder meer de paviljoens van Rietveld (1955; nu in de Beeldentuin van het Rijksmuseum Kröller-Muller) en Röling (1986). Op 21 juli 1897 werd de succesvolle tentoonstelling getroffen door een ramp: 'Brand in Dante's Hel' was de kop in de Arnhemse Courant. De door Van Heeckeren in 1822 gebouwde oranjerie brandde daarbij geheel uit. Later, toen de tentoonstelling nagenoeg afgelopen was, brandde in de nacht van 13 op 14 september het hoofdgebouw inclusief het oude koetshuis en de stallen uit. De oorzaak van deze branden is nooit geheel duidelijk geworden. Een storing in de electrische leiding (een toen nog geheel nieuwe energievorm) werd als boosdoener aangewezen.

In artikelen van bovengenoemde krant is een aantal ironische

37 Tijdens de brand ging onder andere een zeer kostbaar en beroemd uurwerk getiteld: 'de apostelklok' verloren. Deze klok was voorzien van allerlei bewegende delen, waaronder een weergave van de passiespelen in Oberammergau.

38 Een felle brand verwoestte tijdens de tentoonstelling in 1897 de oranjerie, waarvan hier de enige bekende fotografische afbeelding.

commentaren te lezen waaronder de constatering dat de enige produkten die de branden doorstonden de brandkasten waren van de firma Noppen. Het ter gelegenheid van de tentoonstelling aangelegde doolhof tussen de oranjerie en het hoofdgebouw werd op miraculeuze wijze gespaard 'omdat de vlammen er de weg niet konden vinden', aldus de Arnhemse Courant van 21 september 1897. Behalve Willem Royaards' Oepidusvoorstellingen waarvoor in 1913 op de ronde wei een enorm decor gebouwd werd, zijn er tot 1949 voor zover bekend geen vergelijkbare manifestaties meer geweest op Sonsbeek. Het park diende ter vermaak van de Arnhemmer die er theedronk, wandelde, en zijn kinderen liet 'bootje varen', muziekuitvoeringen beluisterde en vooral de belvédère beklom. Uit documentatie van de gemeente bleek - tegen de verwachting in - dat de exploitatie van deze uitzichttoren winstgevend was. De toegang bedroeg tien cents. Het park werd gebruikt om er monumenten neer te zetten als het Lorentzmonument en de Tellegenbank. Soms vonden er officiële gelegenheden plaats: zo werd prinses Wilhelmina er door haar dochter in 1948 geridderd.

Beelden in het park

De beeldententoonstelling die in 1949 in Sonsbeek werd gehouden, was de eerste presentatie van monumentale kunst op het

39 Detail van het vroeg zeventiende-eeuwse plafond. Hier ziet men een jachtscène afgebeeld, zoals die in de zestiende eeuw op de Wiltbaan, onderdeel van het huidige Sonsbeek, moet hebben plaatsgevonden.

40 Een overzichtsfoto van het vroeg zeventiende-eeuwse plafond dat zich nu in de rechterzijvleugel van het Huis Sonsbeek bevindt.

Europese continent. Het idee ontstond na een bezoek dat wethouder M. Klompé in 1948 aan de Battersea Park-beeldententoonstelling in Londen had gebracht. De invloed van het Britse voorbeeld is duidelijk aanwijsbaar door het feit dat een aantal beelden die in Sonsbeek stonden, daar al geëxposeerd waren. De bedoeling van Sonsbeek '49 was om aan een groot publiek de stand van zaken in de Europese beeldhouwkunst te tonen, waarbij de nadruk op het werk van jonge kunstenaars werd gelegd. De manifestatie was een enorm succes: 100.000 bezoekers uit binnen- en buitenland kwamen naar Arnhem. Deze onverwacht grote publieke belangstelling voor de beeldhouwkunst hield wellicht verband met het feit dat er in de eerste jaren na de oorlog vele monumenten overal in Europa werden opgericht. In 1952 werd er te Sonsbeek wederom een sculptuurtentoonstelling gehouden, met hetzelfde uitgangspunt en dezelfde massale belangstelling. In 1955, toen de manifestatie plaatsvond ter herdenking van tien jaar bevrijding en later in 1958, liep de belangstelling duidelijk terug: gestimuleerd door het succes van de eerste Sonsbeektentoonstellingen, werden nu overal in Europa vergelijkbare presentaties in de open lucht gehouden waardoor het publiek min of meer verzadigd raakte. Desondanks waren het bijzondere tentoonstellingen die hun sporen hebben nagelaten. Zo bleek dat zij, naast hun presentatie- en signaleringsfunctie, ook de commerciële belangen van de kunstenaars dienden. Verschillende beelden die op de tentoonstellingen te zien waren, werden door de gemeente Arnhem aangekocht en staan nu verspreid over de stad. Zo is de Phoenix van Zadkine (voor het stadhuis) afkomstig van een van de tentoonstellingen evenals de Warrior van Moore (Oranjewachtstraat), het Monument voor de Vrouw van Nel Klaassen (bij het Gemeentemuseum) en het Hert van Pompon (Willemsplein). De invloed van de Sonsbeektentoonstellingen in Arnhem is trouwens evident: er is bijna geen gemeente in Nederland waar zoveel aandacht wordt besteed aan sculptuur in het stadsbeeld. In 1966 vond de vijfde Sonsbeekmanifestatie plaats, waarbij een heel ander type beeldhouwkunst getoond werd: er was meer te zien van de toepassing van dagelijkse materialen in de beeldhouwkunst en het monumentale van voorheen werd vervangen door beeldhouwkunst die 'van haar voetstuk was gekomen'. De bekendste, slechts door een kleine groep van kenners bezochte tentoonstelling was getiteld: 'Sonsbeek buiten de perken' (1971). Hierbij was het uitgangspunt het publiek zo veel mogelijk in contact te brengen met de kunstenaars en hun werkwijzen. Er was veel opschudding: er waren vragen in de gemeenteraad naar aanleiding van een performance waarbij 'blote borsten op de markt' gesignaleerd werden en de Bond van Beeldende Kunstenaars richtte zich fel tegen wat 'elitaire uitspattingen' genoemd werden. Pas in 1986 werd onder leiding van Saskia Bos weer een nieuwe Sonsbeektentoonstelling georganiseerd. Hier waren opnieuw beelden te zien uit alle Europese landen en ging een belangrijk deel van de aandacht uit naar Amerikaanse kunstenaars. Bij deze gelegenheid werd voor de eerste keer geëxposeerd in het toen sinds enige tijd leegstaande Huis Sonsbeek,

41 De beeldententoonstelling Sonsbeek in 1949 was de eerste grote openluchttentoonstelling in zijn soort op het Europese vasteland. Hier ziet men 'three draped figures' van Henry Moore (1898-1986), die aan verschillende Sonsbeek-tentoonstellingen deelnam. (Catalogus Sonsbeek 1949)

dat vanaf 1956 als schoolgebouw had gefungeerd. De tentoonstelling, waarbij een uitgebreide tweetalige catalogus verscheen, werd zeer goed bezocht. Naast de artistieke presentatie die er geboden werd, was Sonsbeek 1986 een van de belangrijkste voorlopers op het gebied van sponsoring. De kosten werden opgebracht door een samenwerkingsverband van overheid en bedrijfsleven. De belangrijkste sponsors waren AMRO, AKZO en Centraal Beheer met daarnaast nog dertien subsponsors. Geheel tegen de huiver van de publieke opinie in, bleken deze sponsors bereid risico's te nemen door niet van gearriveerde 'veilige' kunst uit te gaan maar ook experimentele werken te exposeren.

Kunst centraal in Sonsbeek

De uit het eind van de vorige eeuw daterende traditie van tentoonstellingen wordt voortgezet door Sonsbeek International Art Centre N.V. dat thans is gevestigd in Huis Sonsbeek. Begin 1987 verkocht de gemeente Arnhem het in deplorabele staat verkerende pand aan een projectontwikkelingsconsortium. Architect C. Paauwe en binnenhuisarchitecte T. Hooykaas ontvingen de opdracht het achttiende-eeuwse huis tot museum te restaureren, waarbij Paauwe op de plaats van het voormalige koetshuis een paviljoen ontwierp. Bij de restauratie is de hoofdvorm van het huis behouden gebleven. Aan de zuidzijde werd een vijver gegraven. De entree aan de noordzijde werd met een smeedijzeren hekwerk omgeven. Het interieur is drastisch gewijzigd. Twee monumentale trappen leiden de bezoeker vanuit de centrale hal naar ruime zalen op de eerste en tweede verdieping. Ook in het sousterrain en op de parterre bevinden zich expositieruimtes. In één van de voormalige woonvertrekken van de familie Van Heeckeren in de zijvleugels is een zeldzaam Arnhems balkenplafond aangebracht.

Het aspect commercie, dat op de vroegere tentoonstellingen van Sonsbeek reeds een niet te onderschatten rol speelde, krijgt gestalte door kunstobjecten en antieke voorwerpen ter verkoop te exposeren. Daarnaast zullen regelmatig thematentoonstellingen plaats vinden. Het streven van het Art Centre is een duidelijke band te scheppen tussen het huis en het omliggende park. Hierbij wordt Huis Sonsbeek voor de eerste maal sinds de bouw in de achttiende eeuw, met uitzondering van de incidentele beeldenexposities, voor het gehele publiek ontsloten, zoals met het park een kleine eeuw eerder gebeurde.

Bijzonder Arnhems cultuurbezit

Het beschilderde balkenplafond dat Sonsbeek International Art Centre van de Gemeente Arnhem in langdurige bruikleen mocht ontvangen, is een van de weinige zestiende-eeuwse plafonds met vroeg zeventiende-eeuwse figuratieve schilderingen dat vrijwel geheel bewaard is gebleven. Het plafond is tijdens het puinruimen in het zwaar gebombardeerde Arnhem in een huis aan de Oeverstraat herontdekt toen de achttiende-eeuwse stuclaag had losgelaten. Deze achttiende-eeuwse mode om plafonds van stucwerk te voorzien heeft overigens een merkwaardig ambivalent gevolg: enerzijds werden de thans veel meer gewaardeerde beschilderde balkenplafonds aan het oog onttrokken, anderzijds bood de stuclaag een afdoende bescherming tegen vocht, rookaanslag en vooral brand. De moerbalken van het Arnhemse plafond zijn gedecoreerd met zestiende-eeuwse plantmotieven en de delen tussen de balken zijn door onbekende schilders voorzien van figuratieve voorstellingen in een laat zestiende-eeuwse renaissancestijl, die zowel naar Italiaanse als Vlaamse voorbeelden verwijst. Het plafond dat volgens de kunsthistorici Van Gelder en Lunsingh Scheurleer geen vergelijkbare tegenhanger kent in Nederland, is uniek in de combinatie van christelijke en mythologische voorstellingen die in medaillons tussen de balken zijn aangebracht. De datering van deze medaillons die terug lijken te gaan op zestiende-eeuwse gravures, is te plaatsen in het eerste kwart van de zeventiende eeuw. Het jongste medaillon stamt uit 1630 en vertoont de familiewapens van de burgemeestersgeslachten Van Ommeren en Büdding, hetgeen wijst op een huwelijk tussen twee telgen uit deze familie die dit huis toendertijd in bezit hadden. Na de Tweede Wereldoorlog kwam het plafond in handen van de gemeente Arnhem en verbleef jarenlang onder ongunstige klimatologische omstandigheden in de Rijnzaal van het Gemeentemuseum vanwaar het in 1983 naar restaurateur J. Otter werd overgebracht. Na zorgvuldige restauratie, gefinancierd door het ministerie van Welzijn, Volksgezondheid en Cultuur, de gemeente Arnhem en Sonsbeek International Art Centre is het Arnhemse plafond in de nieuwe behuizing in Park Sonsbeek weer te bewonderen.

VERANTWOORDING

De geschiedenis van Sonsbeek is in 1914 door G.A. Kuijk beschreven in een artikel in *Gelre*. Dit artikel is uitgebreid en berust voor een aanzienlijk deel op gegevens die afkomstig zijn uit het Sonsbeekarchief dat zich in het Gemeentearchief te Arnhem bevindt. Veel historisch twijfelachtige zaken die door Kuijk genoemd worden, zijn echter afkomstig uit mondelinge overlevering en documentatie die verloren is gegaan. Bij nadere bestudering van de gegevens in het Arnhemse Gemeentearchief en elders bleek het mogelijk een reconstructie te maken van de bouw- en bewonersgeschiedenis. Raadpleging van reisjournalen, dagboeken en ander bronnenmateriaal, leverde soms verrassende gegevens op. Voor de jongste geschiedenis van Sonsbeek als beeldenpark verwijs ik naar het rapport van Hofman 'Sonsbeek, een blijvende traditie?' waarin op beknopte en overzichtelijke wijze de geschiedenis van de beroemde beeldententoonstellingen uit de doeken wordt gedaan. Veel informatie heb ik geput uit de volgende archieven en bibliotheken: het Rijksarchief van Gelderland, het Algemeen Rijksarchief in Den Haag, het Gemeentearchief van Arnhem, de Nijhoffkamer van de Gemeente Bibliotheek Arnhem, de bibliotheek en het prentenkabinet van het Arnhemse Gemeentemuseum en de bibliotheek, documentatieafdeling en afdeling landschapsarchitectuur van de Rijksdienst voor Monumentenzorg in Zeist, waar ik op voortreffelijke wijze ben bijgestaan door de medewerkers van deze afdelingen. Mijn dank gaat ook uit naar de medewerkers van het Iconografisch Bureau en het Rijksbureau voor Kunsthistorische Documentatie te Den Haag. Als bron voor de geschiedenis van het balkenplafond diende een artikel dat op verzoek van Sonsbeek International Art Centre werd geschreven door Margriet Telgenhof-Otter: 'Apollo en Diana versus Christus en Maria Magdalena, mythologische en christelijke verhalen in één plafondschildering'. Eveneens verschafte het expertiserapport, opgesteld door J.R. de Groot van het Gemeentemuseum, waardevolle informatie. Sonsbeek International Art Centre is voornemens een nader wetenschappelijk onderzoek naar het plafond te initiëren.

LITERATUUR

'750 jaar Arnhem en de Arnhemmers'. *Ach Lieve Tijd,* (14 delen) (1983)

Busching, A.F., *Nieuwe Geografie of Aardrijksbeschrijving,* Amsterdam 1773.

Catalogus Sonsbeek 1986, Utrecht 1986.

Cohen E & M., *Wandelgids voor de bezoekers van Sonsbeek en de tentoonstelling in 1897,* Arnhem 1897.

Esser Meerman, N.E., 'Een uitstapje in de environs van Arnhem september 1813', medegedeeld door Jhr. Mr. M.W. Snoeck in: *Bijdragen en mededelingen van de vereniging tot beoefening van de Gelderse geschiedenis, oudheidkunde en recht GELRE,* Arnhem 1933.

Groot, J.R. De, 'Plafond Museum Arnhem/Zutphen. Rapport en omschrijving', *Intern rapport,* Arnhem 1972.

Hofman, H., 'Sonsbeek, een blijvende traditie?, *Rapport* Arnhem 1988.

Ingen A.P. Van, rentmeester van Sonsbeek, 'Verslag van den landbouw, de veeteelt en de zuivelbereiding op het landgoed Sonsbeek onder Arnhem', in: *De Boeren-goudmijn,* Deventer 1860, 1861 en 1862.

'Journaal van een reisje van Jacob Gesseler de Raadt van Groningen naar Arnhem, gedaan in juni en juli des jaars 1790', medegedeeld door K. Schaap in: *GELRE* 1970.

Kuijk, G.A., 'De geschiedenis van het landgoed Sonsbeek bij Arnhem' in: *GELRE,* VIII (1914).

Laar, G. van, *Magazyn van tuin-sieraden, of verzameling van modellen van aanleg en sieraad, voor grote en kleine lusthoven, voornamelijk met de zulke die met weinig kosten te maken zijn,* 1802.

Markus, A., *Arnhem omstreeks het midden van de vorige eeuw,* Arnhem 1907, herdruk 1965.

Nederlands Adelsboek, Den Haag 1954.

Nijhoff, Is. An., *Arnhem en zijne omstreken,* Arnhem ca. 1836.

Nijhoff, Is. An., *Wandelingen in de omstreken van de stad Arnhem,* 1e druk 1820, 1828, 1846.

Oud Arnhem, begin deze eeuw, Arnhem 1976.

Rosenberg H.P.R., 'De architectenfamilie Viervant, Nederlandse bouwmeesters uit vroeger eeuwen', in: *Bouw* Jrg 18 (1963) p. 1616-1621.

Rosenberg, J., Slive, S., en Ter Kuile, E.H., *Dutch Art and Architecture,* Hammonsworth 1966.

'Sonsbeek, Zijpendaal en de Gulden Bodem in Arnhem', *Rapport* vakgroep landschapsarchitectuur landbouwhogeschool Wageningen, Wageningen 1979.

Stam H., 'Hendrik Jacob Carel Johan Baron Van Heeckeren Van Enghuizen en zijn veldtochten' in: Jaarboek *Achterhoek en Liemers,* Zutphen 1986.

Telgenhof-Otter, M., 'Apollo en Diana versus Christus en Maria Magdalena, mythologische en christelijke verhalen en één plafondschildering', *intern rapport,* Arnhem 1988.

Tiemens, W.H. 'Historische beschrijving van het park Sonsbeek', *intern rapport gemeentewerken,* Arnhem 1971.

Tuinarchitectuur, mensen maken natuur, z.j.

COLOFON

Basis vormgeving
Irma Boom (Staatsuitgeverij)
Layout
Roelof Koebrugge bNO
Druk
Drukkerij Waanders b.v., Zwolle

CIP-GEGEVENS KONINKLIJKE BIBLIOTHEEK, DEN HAAG

Beek, P.M.

Huis Sonsbeek : een monument in een monumentaal park / P.M. Beek. - Zwolle : Waanders. - Ill. - (Kleine Monumenten Reeks)
Met lit. opg.
ISBN 90-6630-184-8
SISO 718.2 UDC 728.84(492*6800)(091) NUGI 647
Trefw.: Huis Sonsbeek (Arnhem) ; geschiedenis.

FOTOVERANTWOORDING

Gemeentemuseum Arnhem 1, 2, 3, 4, 8, 9, 10, 15, 16, 17, 20, 24, 25, 27, 29
Gemeentearchief Arnhem 5, 6, 14, 18, 30, 31, 32, 33, 34, 35, 36, 37, 38
Particuliere collectie 7
Rijksdienst Beeldende Kunst Den Haag 11, 12, 13, 19
Collectie drs. P.M. Beek 21, 22, 23, 26, 28
Sonsbeek International Art Centre 39, 40, 41
Sigurd Kranendonk voor studio Paul Huf foto omslag